나사렛 예수의 발견

Discovering Jesus of Nazaret

나사렛 예수의 발견

오현서 지음

겸손의 문에서 갈릴리 새 아침까지
예수의 흔적을 따라 가는 영적 순례

바른북스

____________님께 드립니다.

4월 초 만개한 벚꽃(한국전자통신연구원)

추천의 글

기독교인들에게 있어서 버킷리스트 중에 하나가 바로 성지순례이다. 성경의 배경이 되는 구약과 신약의 땅, 성경의 많은 영웅들의 발걸음이 있는 곳, 무엇보다도 우리의 구주 되신 예수님께서 태어나시고, 사셨던 삶의 모든 호흡들과 숨소리를 느낄 수 있는 곳이기 때문이다.

이번에 저자인 오현서 장로님은 우리 교회(대전중앙교회)의 100주년 행사의 일환으로 진행되었던 성지순례에 청소년분과 위원장으로 다음 세대 성지순례에 다녀오셨다. 성지순례를 통하여 저자는 예수님의 삶의 발자취를 따라서 이스라엘 땅 구석구석을 다니며, 예수님의 삶의 체취를 몸소 느끼셨다. 그리고 그 과정을 통하여 나사렛 예수님을 더 깊이 만나셨다.

저자는 이 책을 통하여 그 만남의 장소들을 소개하며, 그 속에 담긴 주님의 은혜와 주님을 더 깊이 묵상하도록 말씀과 연관하여 소개하며, 소그룹 공동체에서 나눔과 적용이 활용 가능하도록 책을 집필했다. 아무쪼록 이 책을 대하는 모든 분들에게 말씀을 묵상하며, 저자가 이끄는 대로 지면으로라도 성지를 따라가다 보면 저자가 만났던 예수님, 저자가 느꼈던 성지를 통한 예수님의 숨결을 함께 느낄 수 있으리라 생각된다. 그래서 이 책을 통하여 우리의 구원자 되신 나사렛 예수를 더 깊이 발견하길 바란다.

대전중앙성결교회 담임목사 박 종 운

여는 글

대전중앙성결교회는 2019년 4월 5일에 창립 100주년을 맞이하게 되었습니다. 오랜 시간을 함께하시고 믿음의 역사를 이루게 하신 하나님께 감사와 영광을 올려드리며 하나님의 뜻이 이 땅 가운데 이루어지기를 바라며 새롭게 비전을 품고 나아가고 있습니다.

아름다운 선조들의 신앙 유산을 이어가고 다음 세대의 신앙 훈련을 목적으로 2019년 8월 4일부터 8월 11일까지 중고등부와 청년부 그리고 교사를 대상으로 이스라엘 성지순례를 다녀왔습니다. 성지순례는 예수님의 삶과 발자취를 직접 보고 걷는 것만으로 기대가 되고 감격스러운 일이 아닐 수 없습니다. 순례를 하는 동안 말씀 묵상을 하고 은혜를 받게 되었는데 이러한 은혜를 나누고자 이 책을 발간하게 되었습니다.

이 책은 예수님의 가신 길을 순례하면서 우리에게 주시는 주님의 메시지를 발견하고자 세 가지 순례의 길을 소개합니다.

첫 번째 순례는 나사렛 예수님을 찾아가는 여정입니다. 이 순례는 예수님의 탄생부터 승천까지 8개의 여정으로 나누어 성지에 대한 사진과 지리적인 설명, 그리고 관련되는 성경 말씀 묵상과 삶의 적용으로 나아가는 여정입니다. 이 여정의 각각에는 순례를 의미하는 영어 단어 "Pilgrimage"의 앞 글자를 따서 P를 붙였습니다.

두 번째 순례는 하나님이 아브라함에게 약속으로 주신 땅이고 예수님의 숨결이 남아 있는 14개의 성지에 대한 사진과 설명을 통해 순례하는 것입니다. 이러한 순례는 예수님의 삶의 배경을 이해하는 데 도움이 되고 묵상의 폭과 깊이를 더하여 줄 것입니다.

세 번째 순례는 저는 신앙인으로서 예수님을 본받아 살기를 소망하며 시를 쓰고 있는데 성지순례를 마치면서 그동안 틈틈이 써온 몇 편의 시를 모아 순례자의 노래로 표현해 보았습니다. 그리고 지인들의 공감과 마음을 담은 글도 담았습니다.

이 책이 나올 수 있도록 성지순례의 기회를 주신 대전중앙성결교회 성도들과 성지순례팀에게 감사를 드립니다. 그리고 성지순례의 사진을 제공해 주신 박종운 목사님, 책을 예쁘게 디자인해 준 막내 은혜와 항상 힘이 되어주는 가족들과 지인들에게 감사를 드립니다.

끝으로, 예수님 삶의 여정을 따라가며 십자가 고난을 함께 걸어가는 것이 현대를 사는 우리들이 참사랑과 진리를 찾아가며 진정한 행복을 알아가는 소중한 기회가 될 것입니다. 그리고 우리 자신의 내면을 돌아보며 마음의 쉼과 평안을 누리기를 소망합니다.

목 차

순례자의 노래

지인들의 서평

나사렛 예수를 찾아서

겸손의 문
베들레헴에 있는 예수탄생기념교회 입구

P1

겸손의 문 The Gate of Humility

베들레헴은 “떡집”이라는 의미가 있으며 다윗의 동네로 예수님도 이곳에서 태어나셨습니다. 이곳에는 예수 탄생 기념 교회가 세워졌고 교회 입구에는 겸손의 문이 있습니다.

콘스탄티누스 황제의 어머니 헬레나가 이 교회를 세웠는데 후에 페르시아가 군대가 이곳을 점령하였습니다. 그들은 교회 안에 있는 성화를 발견하였고 성화에 그려진 동방박사들이 자신들의 모습과 유사하여 교회를 파괴하지 않고 보존했다고 합니다.

이 출입문은 원래 말이 달리며 왕래할 수 있는 길이었으나 예수님이 탄생한 거룩한 곳이라 문 높이를 낮추어 사람들이 고개를 숙이고 왕래하도록 하여 겸손의 문이라 부르게 되었다고 전합니다.

P1

말씀 묵상

- 마태복음 2:9~11

박사들이 왕의 말을 듣고 갈새 동방에서 보던 그 별이 문득 앞서 인도하여 가다가 아기 있는 곳 위에 머물러 서 있는지라 그들이 별을 보고 매우 크게 기뻐하고 기뻐하더라. 집에 들어가 아기와 그의 어머니 마리아가 함께 있는 것을 보고 엎드려 아기께 경배하고 보배합을 열어 황금과 유향과 몰약을 예물로 드리니라.

- 미가 5:2, 요한복음 1:14, 마태복음 1:23을 읽어보자.

P1

말씀 묵상

예수님이 인간의 몸으로 오신 것은 구약의 선지자들이 예언한 메시아 약속의 성취이요, 말씀이 육신이 되신 하나님의 영광이요, 지극히 낮은 곳에 임하시고 우리와 영원히 함께하시는 임마누엘의 은혜입니다.

예수님의 탄생을 전하며 하나님께 영광을 드린 천사들과 한밤중에 찾아와서 경배를 드린 동방박사 그리고 목동들이 있었습니다. 별의 인도에 따라 동방에서 온 박사들은 태어난 아기가 유대인의 왕이고 하나님이시며 십자가에서 죽으실 메시아를 상징하는 황금과 유향, 그리고 몰약을 예물로 드렸습니다.

그러나 소식을 들었지만 맞을 준비를 하지 않은 베들레헴 사람들과 태어난 아기 예수를 죽이라고 명령했던 헤롯 왕 그리고 예수님을 영접하지 아니한 제사장과 서기관들도 있었습니다.

겸손(謙遜)

다른 사람에게 자기 자신을 낮추고 상대방을 높이는 태도와 마음 자세를 말합니다. 겸손한 말과 태도는 사람의 마음을 열어 주지만 교만한 말과 태도는 사람의 마음을 닫게 하므로 겸손은 마음의 문을 여는 키가 됩니다.

하나님과의 관계에 있어서도 겸손은 하나님의 마음을 여는 키가 됩니다. 하나님은 겸손한 자를 찾으시고 교제하시기를 원하시며 그들을 통하여 천국의 크고 놀라운 비밀들을 보여주시기 때문입니다.

나의 모든 것을 내려놓을 수 있을 뿐만 아니라 내 자신을 부인하고 나의 생각도 비울 수 있어야만 참된 겸손이라 말할 수 있으며, 자신을 비우는 겸손은 새롭게 채워지는 은혜를 누리게 됩니다.

P1

Turning Point

흐르는 시냇물은 낮은 곳으로 흐르고 땅을 적시며 풀과 나무들에게 생명수를 공급합니다. 시냇물이 강물이 되고 바다가 되는 것은 물이 낮은 곳으로 임하기 때문입니다.

사람들은 돈과 권력, 그리고 명예를 얻기 위해 살아갑니다. 그것은 자신이 높아지고 세상의 부귀영화를 누리며 살기를 원하기 때문일 것입니다.

우리는 높아지기를 버리고 어떻게 낮아질 수 있을까요?

창조주가 빚은 밤하늘의 별과 바다의 지평선, 그리고 아름다운 무지개를 바라볼 수 있다면~

우리 몸은 한 줌의 흙으로 빚어진 그릇이고 때가 되면 깨어지고 티끌이 되어 사라진다는 것을 안다면~

우리의 영혼은 세상의 헛된 꿈과 죄악으로 물들어 구제불능이라는 존재라는 것을 안다면~

우리는 겸손을 배우고 낮은 곳에 거할 수 있습니다.

P1

나눔과 적용

① 예수님이 우리에게 보여 주신 겸손의 모습은 무엇인가?

② 동방박사들이 아기 예수님께 드린 황금과 유향 그리고 몰약은 각각 무엇을 의미하는가?

③ 나는 겸손의 문을 지나 예수님께 경배를 드리고 있는가?

나사렛 마을에 있는 요셉기념교회

P2

나사렛 사람 The Nazarene

이스라엘은 유대와 사마리아 그리고 갈릴리 지역으로 나뉘어 있습니다. 나사렛은 갈릴리 지방에서도 변두리 작은 마을이었습니다.

나사렛 마을은 산으로 둘러싸여 있는 한적한 곳으로 요셉기념교회가 있고 그 안에는 예수님 당시 집의 형태와 흔적을 볼 수 있습니다. 예수님은 장남이었고 아버지가 목수의 일을 했으므로 어려서부터 목수의 일을 배웠습니다. 아버지가 일찍 돌아가셔서 목수의 일을 하며 가장의 책임을 감당해야만 했을 것입니다. 예수님은 하나님과 같은 분이지만 인간으로서 부모님을 공경하고 형제들을 돌보며 성실하게 목수의 일을 하셨습니다.

나사렛 마을을 돌아보며 동네 친구들과 즐거운 놀이를 하며 청소년기를 보냈을 예수님을 마음에 그려보았습니다.

P2

말씀 묵상

- 누가복음 2:51~52

예수께서 함께 내려가사 나사렛에 이르러 순종하여 받드시더라 그 어머니는 이 모든 말을 마음에 두니라. 예수는 지혜와 키가 자라나며 하나님과 사람에게 더욱 사랑스러워 가시더라.

- 마태복음 2:23, 마가복음 6:3, 요한복음 1:45~46을 읽어보자.

P2

말씀 묵상

예수님은 12살이 되어 유월절에 예루살렘을 방문하였습니다. 성전에서 하나님의 말씀을 배우고 나사렛으로 돌아가 부모에게 순종했던 모습을 전하고 있습니다.

예수님은 육체적으로 건강하고 지혜가 자라났으며 영적으로 사회적으로 사랑스러운 모습으로 성장했다고 전합니다. 나사렛 마을은 갈릴리 지방에서도 변두리였고 가정적으로도 어려웠지만 범사에 감사하고 가족과 이웃들을 사랑하며 하나님께 기쁨을 드리는 삶을 사셨습니다.

청년이 되었을 때 사람들은 예수님을 나사렛 사람이라고 불렀습니다.

감사(感謝)

고맙게 생각하는 마음과 태도를 말합니다. 사람들은 경제적으로 넉넉하게 생활하고 지위와 명예를 얻으면 감사의 말을 하고 행복하다고 말합니다. 그러나, 경제적으로 어렵고 세상적으로 인정을 받지 못하면 불평을 하며 불행하다고 생각합니다.

어떠한 환경에서도 감사의 말을 할 수 있는 것은 오직 믿음의 눈으로 하나님을 바라볼 때 가능합니다. 하나님은 살아 계시고 현재에 일어나는 모든 일에는 하나님의 특별하신 뜻이 있고 하나님은 주어진 환경도 바꿀 수 있는 분임을 믿기 때문입니다.

감사는 어떠한 상황에서도 하나님께 나아갈 수 있는 믿음의 베이스캠프와도 같습니다.

P2

Turning Point

우리 모두는 건강하고 행복하기를 바라며 살아갑니다.

맛있는 음식을 먹고 좋은 집에 거하고 가족 안에 사랑이 넘치면 감사의 말을 하며 행복을 느낍니다. 그러나, 가난과 병이 찾아오고 사랑이 결핍되면 불평을 하고 불행하다고 느끼게 됩니다.

우리는 불평하지 않고 어떻게 감사할 수 있을까요?

현재는 가난하고 살길이 막막하지만 황무지에 꽃이 피고
열매가 맺히듯 미래의 희망을 가질 수 있다면~
지금은 몸이 아파서 고통의 날들을 보내지만 치유하시고 생명의 주가 되시는 예수 그리스도를 바라볼 수 있다면~
사랑이 식어 미워하고 싸워도 긍휼과 사랑하는 마음을 품고 평화의 기도를 드릴 수가 있다면~
우리는 불평을 버리고 감사의 자리로 나아갈 수 있습니다.

P2

나눔과 적용

① 예수님의 청소년기 특징은 무엇인가?

② 예수님은 변두리 지역 나사렛 환경에서도 불평하지 않고 감사하며 일상을 성실하게 사셨다. 나는 주어진 환경에 무관하게 감사하며 성실하게 살아가고 있는가?

③ 나는 작은 일에도 최선을 다해 성취한 것이 있는가?

텔단공원에 있는 갈릴리 바다 수원지

P3

갈릴리 바다 The Sea of Galilee

예수님은 30세가 되어 갈릴리 바닷가를 중심으로 공생애를 시작하셨습니다.

갈릴리 바다는 헬몬산의 물이 흘러 들어오고 요단강으로 물을 흘려보내서 이스라엘 땅을 풍요롭게 만드는 생명의 원천이요 생명수이신 예수님을 상징하는 곳입니다.

2000년 전 예수님이 살던 시대는 교통이 발달되지 않아서 걸어가거나 배를 이용해서 이동하였습니다. 갈릴리 지역의 가버나움을 중심으로 게네사렛, 디베랴, 벳새다 지역을 두루 다니며 마음을 다해 사랑으로 섬기셨던 예수님의 모습을 마음으로 그려보았습니다.

P3

말씀 묵상

- 마태복음 4:23

  예수께서 온 갈릴리에 두루 다니사 그들의 회당에서 가르치시며 천국 복음을 전파하시며 백성 중의 모든 병과 모든 약한 것을 고치시니

- 이사야 61:1~3, 요한복음 6:14~15을 읽어보자.

P3

말씀 묵상

예수님은 갈릴리 바닷가에서 살아가는 사람들을 찾아다니며 천국을 선포하고 회당에서 성경을 가르치셨습니다. 그리고 병든 사람을 고쳐주고 귀신을 쫓아내셨습니다. 또한 12명의 제자들을 부르시고 제자로 삼으시며 그들을 교육하셨습니다.

예수님의 사역은 연약한 자를 불쌍히 여기셨고 만나는 사람들이 예수님을 믿고 거듭나서 하나님께 나아가는 예배가 회복되고 천국 소망을 가지고 살기를 원하셨습니다.

그리고 섬기는 사역이 바쁘고 힘들었지만 시간을 내어 한적한 곳에 가셔서 기도하는 일을 쉬지 않으셨습니다.

사역(使役)

누군가로부터 시킴을 받아 행하는 일을 말하며 영어로는 미니스트리(Ministry)라고 합니다.

신앙인들에게 있어서 성경적인 사역은 복음을 전하고 섬기는 것을 의미하며 섬기는 일에 따라 찬양 사역, 교육 사역, 전도 사역, 상담 사역, 기도 사역 등 다양한 사역이 있습니다.

사역에 있어서 중요한 것은 사역의 동기와 과정, 그리고 결과에 스스로 묻고 성찰하는 것입니다. 영혼을 사랑하고 마음에 동기를 두고 있는지, 하나님의 뜻과 방법으로 섬기고 있는지, 그리고 사역의 결과는 하나님이 하신 일이라고 고백할 수 있는지를 점검하여야 하는 것입니다. 그리고 철새가 그룹을 지어 수천km를 이동하듯이 믿음의 공동체는 동일한 목표를 향해 함께 기도하고 협력해야 지속적으로 사역할 수 있습니다.

P3

Turning Point

예수님은 회당을 찾아가 하나님 말씀을 풀어 설명해 주시며 사람들이 예수님을 그리스도로 믿고 거듭나기를 원하셨습니다. 그리고 죄인과 병든 자와 소외된 자와 함께하시고 위로하시며 친구가 되어주셨습니다.

한국의 성공적인 선교 사역 모델은 무엇인가요?

1885년 4월 5일 언더우드, 아펜젤러 선교사는 복음을 전하기 위해 조선 땅에 입국했습니다. 그들은 교회와 학교, 병원을 세우고 조선인들을 섬겼습니다.

교회는 예배를 드리고 하나님 말씀을 듣고 기도하는 집이고, 학교는 청소년들을 교육하여 절망 중에도 희망을 심는 곳이며 병원은 병자를 치유하며 하나님의 긍휼과 사랑을 실천하는 곳입니다.

이러한 사역 모델은 예수님의 사역 모델과 동일함을 알 수 있으며 선교사님과 선진들의 사랑과 섬김으로 대한민국이 복음 위에 세워지고 선교 국가가 되고 경제적으로 선진국 반열에 올랐다는 사실을 잊어서는 안 될 것입니다.

H. G. 언더우드의 기도

오, 주여! 지금은 아무것도 보이지 않습니다. 주님 메마르고 가난한 땅, 나무 한 그루 시원하게 자라 오르지 못하고 있는 땅에 저희들을 옮겨 와 앉히셨습니다.

그 넓고 넓은 태평양을 어떻게 건너왔는지 그 사실이 기적입니다.

(중략)

믿음은 바라는 것들의 실상이요, 보지 못하는 것들이 증거니. 라고 하신 말씀을 따라 조선의 믿음의 앞날을 볼 수 있게 될 것을 믿습니다. 지금은 우리가 황무지 위에 맨손으로 서있는 것 같사오나 지금은 우리가 서양귀신, 양귀자라고 손가락질받고 있사오나 저희들이 우리 영혼과 하나인 것을 깨닫고 하늘나라의 한 백성, 한 자녀임을 알고 눈물로 기뻐할 날이 있음을 믿나이다.

지금은 예배드릴 예배당도 없고 학교도 없고 그저 경계와 의심과 멸시와 천대함이 가득한 곳이지만 이곳이 머잖아 은총의 땅이 되리라는 것을 믿습니다. 주여! 오직 제 믿음을 붙잡아 주소서!

출처: 언더우드의 기도, 송광택

P3

나눔과 적용

① 예수님이 하신 사역의 목적은 무엇인가?

② 예수님의 사역 내용은 무엇인가?

③ 나는 하나님의 나라와 영광을 위하여 마음과 힘을 다하여 사람들을 사랑하고 섬기고 있는가? 그리고 영적으로 충전하기 위하여 한적한 곳에 나아가 기도하고 있는지를 나누어 보자.

시온산의 마가 다락방

P4

마가 다락방 Room of Last Supper

예수님은 나귀를 타시고 예루살렘에 입성하셨습니다. 자신의 죽음이 다가오는 것을 아시고 제자들과 유월절 마지막 식사를 하셨습니다. 그 장소는 확실하지는 않으나 마가 다락방일 것이라 추정하고 있습니다.

시온산에 있는 마가 다락방에는 펠리컨 새끼 둘이 어미의 몸을 파먹는 조각상이 있습니다. 이것은 새끼의 먹이로 자신의 몸을 내어주는 어미의 사랑 표현으로, 예수님이 제자들과 마지막 식사할 때 떡을 떼며 이것은 나의 살이고 포도주를 마시며 이는 나의 피라고 말씀하신 것을 기념하기 위하여 펠리컨을 조각했을 것이라 추측하기 때문입니다.

이 마가 다락방은 예수님의 제자들이 함께 모여 기도할 때에 하늘에서 성령이 임하신 장소이기도 합니다.

P4

말씀 묵상

- 마태복음 26:26~28

그들이 먹을 때에 예수께서 떡을 가지사 축복하시고 떼어 제자들에게 주시며 이르시되 받아서 먹으라 이것은 내 몸이니라 하시고 또 잔을 가지사 감사 기도하시고 그들에게 주시며 이르시되 너희가 다 이것을 마시라. 이것은 죄 사함을 얻게 하려고 많은 사람을 위하여 흘리는바 나의 피 곧 언약의 피니라.

- 누가복음 22:19, 요한복음 13:14~15, 히브리서 9:19~22을 읽어보자.

P4

말씀 묵상

예수님은 제자들과 유월절 마지막 식사를 하시면서 “떡은 나의 몸이고 포도주는 나의 흘린 피이며 죄 사함을 얻게 하려고 많은 사람을 위해 흘린 언약의 피이다”라고 말씀하시면서, 십자가에서 주신 은혜를 기억하고 기념하라고 하셨습니다.

만찬을 마치고 예수님은 제자들의 발을 씻기시며 사랑으로 섬기는 모습을 몸으로 직접 보여주셨습니다.

성도들이 함께 모여 식사를 하고 주님의 은혜를 서로 나누며 사랑으로 섬기는 교제를 통하여 교회가 든든히 세워져 간다는 영적 원리를 알려주셨습니다.

교제(交際)

서로 사귀는 것을 말하며 영어로는 펠로우, 헬라어로는 코이노니아라고 합니다.

사람들은 함께 모여 식사하고 즐거운 대화를 하며 친밀한 관계를 만들어 갑니다. 식탁에 둘러앉아 같이 식사하는 것은 가족 공동체와 믿음의 공동체, 그리고 사회 공동체에 있어서 아주 중요합니다.

예수님의 마지막 만찬 교제는 자신의 몸을 나누어 주는 나눔과 십자가 희생을 통한 섬김의 사랑이 있었습니다. 우리는 나눔과 섬김을 통하여 행복한 가족, 건강한 교회 그리고 아름다운 사회를 만들어 가야 합니다.

P4

Turning Point

고대 그리스 철학자 아리스토텔레스는 "인간은 사회적 동물이다"라고 했습니다. 인간은 홀로 살 수 없고 서로 도와주며 살아가는 존재라는 의미를 담고 있습니다. 인간은 하나님과 친밀한 교제를 하고 사람들과 소통해야 행복을 누리며 살아갈 수 있다는 것입니다.

우리는 교제하는 법을 어떻게 배울 수 있을까요?

유대인들은 안식일에 가족이 함께 모여 정성을 다해 만든 만찬을 먹으며 한 주간에 있었던 일들을 나누는 식탁 교제가 있습니다. 식탁에서 영혼과 육체에 필요한 양식을 공급받고 부모와 자녀 간의 친밀한 대화를 통하여 쌓였던 스트레스를 모두 해소하는 것입니다.

유대인 학교에서 교육은 "하브루타"라고 부르는데 2명의 학생이 짝이 되어 질문하고 답하며 토론하는 방식을 말합니다.

우리는 성경의 말씀을 읽고 생각하고 의미를 토론하는 과정을 통하여 생각하는 힘을 기를 수 있고 상대방을 이해하며 교제하는 법을 배울 수 있습니다.

P4

나눔과 적용

① 예수님이 성만찬에서 말씀하신 살과 피는 무엇을 의미하는가?

② 예수님은 왜 제자들의 발을 씻겨주셨는가?

③ 우리는 가족과 교회, 이웃들과 어떻게 친밀한 교제를 만들어 갈 수 있나요?

감람산의 겟세마네 동산에 있는 예수님의 기도문

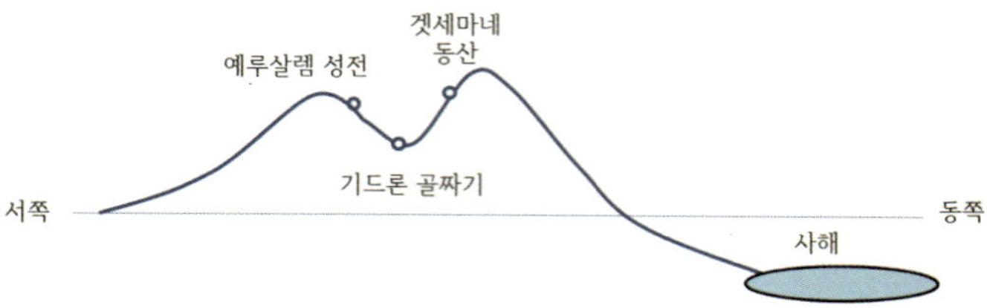

예루살렘 지역의 지형 단면도

겟세마네 동산 Garden of Gethsemane

예수님은 유월절 식사를 마치고 제자들과 함께 예루살렘 건너편에 있는 감람산의 겟세마네 동산에 가셔서 기도를 하셨습니다.

겟세마네 동산은 2000년 전 예수님의 기도 소리를 들었을 법한 뿌리 깊은 올리브 나무가 있고 기드론 골짜기 방향으로 예루살렘 성전이 눈앞에 보이는 언덕입니다. 예수님은 이곳에 자주 오셔서 믿음이 없어 멸망의 길로 가는 백성들을 불쌍히 여기며 눈물의 기도를 드리셨습니다.

예수님의 기도문이 아람어와 히브리어로 돌 판에 새겨진 것을 보았는데 이것은 예수님의 삶을 단적으로 전해주는 비문처럼 느껴졌습니다.

P5

말씀 묵상

- 마가복음 14:35~36

  조금 나아가사 땅에 엎드리어 될 수 있는 대로 이때가 자기에게서 지나가기를 구하여 이르시되 아빠 아버지여 아버지께는 모든 것이 가능하오니 이 잔을 내게서 옮기시옵소서 그러나 나의 원대로 마시옵고 아버지의 원대로 하옵소서 하시고.

- 요한복음 17:11, 누가복음 22:44을 읽어보자.

P5

말씀 묵상

예수님은 고난의 잔을 마시고 싶지 않았지만 아버지의 뜻이라면 고난의 잔을 마시겠다고 결단하는 순종의 기도를 하셨습니다. 그리고 제자들에게도 자지 말고 깨어 기도하라고 말씀하셨습니다.

예수님의 겟세마네 기도는 땀이 피가 되는 간절한 기도이며 하나님 뜻을 이루어 드리는 순종의 결단이고 인류를 구원하기 위하여 죽음의 희생도 담대하게 받아들이는 사랑의 발걸음이었습니다.

우리에게도 고난의 잔 또는 축복의 잔을 선택해야 하는 경우가 있습니다. 주님께 기도함으로 고난의 잔을 들 수 있는 믿음의 결단과 그로 인하여 주님이 주시는 평안과 인도하심을 경험할 수 있기를 소망합니다.

기도(祈禱)

하나님과 의사소통을 시도하려는 행위 또는 하나님에게 무엇인가를 간청하는 행위를 말하며 영어로는 프레이(Pray)라고 합니다.

우리의 기도는 아이가 햄버거를 주문하고 수 분 내로 맛있게 햄버거를 먹으면 좋아하지만 조금이라도 늦어지면 분노하는 모습과도 같다는 생각을 합니다.

주님의 기도는 하나님의 뜻을 구하셨고 인류를 죄악에서 구원하시고자 하는 하나님의 뜻에 순종하여 고난의 길을 가셨습니다. 하나님의 뜻을 구하고 그 뜻을 삶으로 실천하는 것이 참된 기도입니다.

P5

Turning Point

한국 교회에는 특별한 기도가 있습니다. 새벽 여명에 드리는 새벽 기도, 주여! 3창을 외치며 소리를 내고 기도하는 통성 기도, 밤을 새우며 드리는 심야 기도, 그리고 어린아이를 등에 업고 차가운 마룻바닥 위에 무릎을 꿇고 드리는 눈물의 기도 소리가 이곳저곳에 가득했습니다. 오늘날 한국 교회의 기도는 식고 은혜가 떨어지고 있습니다.

우리는 어떻게 기도를 회복할 수 있을까요?

하나님의 시각과 마음으로 대한민국을 돌아보고 하나님의 자녀로서 해야 할 사명을 찾는 것입니다. 그것은 이 시대의 아픔과 상처, 문제들을 직시하고 해결하려는 의지와 결단, 그리고 헌신으로 나아가는 마음이 있어야 합니다.

하나님이 기뻐하시는 뜻을 품는다면 하나님은 다시금 한국 교회에 기도의 능력을 회복시켜 주실 것이라 믿습니다.

한국 교회가 하나님의 말씀과 기도가 살아 있고 세상의 빛과 소금이 되는 믿음의 공동체가 되기를 소망합니다

P5

나눔과 적용

① 예수님의 겟세마네 기도의 내용은 무엇인가?

② 기도와 삶은 어떠한 관계가 있는가?

③ 나는 하나님께 기도하고 순종한 경험이 있는가?

예수님께서 십자가를 지시고 가신 골고다 길
(이 지점은 예수님이 세 번째 넘어지신 곳)

P6

고난의 길 VIA DOLOROSA

Via Dolorosa는 라틴어로 슬픔의 길, 고난의 길을 의미하며 예수님께서 빌라도에게 재판을 받은 지점에서 십자가형이 이루어진 지점까지 800m 길을 말합니다.

십자가의 길에는 14개의 지점에 표시가 있는데, 이것은 순례자들에게 십자가 고난을 기리기 위해 14세기 프란치스코 수도사들이 14개의 지점으로 정했다고 합니다. 예수님은 머리에 가시관을 쓰고 홍포를 입었으며 40kg의 무거운 십자가를 지시고 언덕길을 가실 때 세 번이나 넘어지셨지만 끝까지 골고다 길을 가셨습니다.

지금의 골고다 길가에는 기념품 가게가 즐비하고 호객하는 사람들로 시끄러운데 마치 고난의 길을 가는 예수님을 손가락질하며 비난하는 소리처럼 들리는 듯하였습니다.

말씀 묵상

- 마태복음 27:27~31

이에 총독의 군병들이 예수를 데리고 관정 안으로 들어가서 온 군대를 그에게로 모으고 그의 옷을 벗기고 홍포를 입히며 가시관을 엮어 그 머리에 씌우고 갈대를 그 오른손에 들리고 그 앞에서 무릎을 꿇고 희롱하여 이르되 유대인의 왕이여 평안할지어다 하며 그에게 침 뱉고 갈대를 빼앗아 그의 머리를 치더라. 희롱을 다 한 후 홍포를 벗기고 도로 그의 옷을 입혀 십자가에 못 박으려고 끌고 나가니라.

- 마가복음 15:16~20, 이사야 53:3~6, 로마서 5:8을 읽어보자.

P6

말씀 묵상

로마 군인이 예수님의 옷을 벗기고 홍포를 입히고 머리에 가시관을 씌웠습니다. 그리고 침을 뱉고 머리를 치고 십자가에 못을 박았습니다. 예수님은 죄가 없으셨지만 사람들의 비난과 매질을 받으시고 십자가를 지고 골고다의 길을 묵묵히 걸어가셨습니다.

우리는 십자가를 바라볼 때 놀라운 세 가지 은혜를 누리게 됩니다. 첫째는 나는 죄인이지만 나를 사랑하사 나의 죄를 사해주시기 위하여 예수님을 십자가에 내어주신 **하나님의 사랑**입니다. 둘째는 나의 모든 죄를 예수님이 십자가에서 갚아주신 **대속의 은혜**입니다. 셋째는 나는 거듭남으로 하나님의 자녀가 되었고 천국에 소망을 두고 살아가는 **영생의 은혜**입니다.

십자가는 어려운 친구와 함께하는 것

인도의 성자로 불리는 선다 싱은 친구들과 함께 히말라야산을 넘고 있었습니다. 그런데 죽어가는 한 사람을 만나게 됩니다. 선다 싱은 이 사람을 데리고 가자고 했습니다. 그러나 그 친구들은 같이 가다가는 모두 죽게 되니 내버려두고 가자는 것이었습니다. 친구들은 먼저 가고 선다 싱은 혼자 남았습니다. 그래서 죽을 각오로 죽어 가는 사람을 메고 갔습니다. 얼마 동안 갔는데, 먼저 갔던 친구들은 얼어 죽어 있었습니다. 그러나 선다 싱과 죽어가는 사람은 함께 걸어가는 동안 선다 싱이 땀이 나고 체온이 올라가서 그 체온으로 인하여 두 사람이 살 수 있게 되었다고 합니다.

그렇습니다. 우리가 멍에를 지고 가면 힘들어 죽을 것 같으나 실상은 가볍다고 하셨습니다. 내가 죽을 것 같지만 사는 길이요 그 길에는 하나님이 함께하시고 도와주시기 때문에 그 멍에는 오히려 가벼운 것입니다. 그 멍에 뒤에는 평안과 생명의 면류관이 기다리고 있다는 것을 꼭 기억해야 합니다. 하나님의 축복은 고난의 보자기에 싸여 우리에게 다가옵니다.

P6

Turning Point

예수님은 우리들을 부르시며 자기를 부인하고 자기 십자가를 지고 예수님을 따라고 오라고 말씀하셨습니다. 예수님과 같이 십자가를 지라는 말은 아닐 것입니다.

그러면, 우리는 자기를 부인하고 어떻게 예수님의 십자가를 질 수 있을까요?

자기 자신을 부인한다는 것이 자신이 소중하게 여기는 가치들과 소유물을 내려놓을 수 있는 것을 의미합니다. 예를 들면, 자신이 노력하여 얻은 권력과 명예, 재산, 그리고 사랑하는 가족과 친구까지도 하나님보다 우선이 될 수 없다고 여기는 것입니다.

십자가를 진다는 것은 하나님의 기뻐하시는 일에 동참하는 것으로 예수님은 하나님 사랑과 이웃 사랑을 강조하셨습니다. 이것은 하나님께 나아가며 예배를 드리고 성도들과 교제하는 것, 이웃을 돌보고 사랑과 기도로 섬기는 것을 의미합니다. 무엇을 하든지 하나님의 뜻과 나라를 위하는 헌신은 모두 십자가를 진다고 말할 수 있을 것입니다.

그러므로 십자가를 지기 위해서는 자신을 부인할 수 있는 용기와 하나님의 뜻에 순종할 수 있는 결단, 그리고 자신의 몸을 기쁨으로 드릴 수 있는 헌신이 요구됩니다.

P6

나눔과 적용

① 예수님이 지신 십자가의 고난은 무엇인가?

② 예수님은 누구든지 자기 자신을 부인하고 자기 십자가를 지고 예수님을 따르라고 말씀하셨습니다. 나의 십자가는 무엇인가?

③ 나의 십자가를 진 경험이 있는지를 서로 나누어 보자.

예수님의 무덤 기념 교회에 비치는 빛은
죽음에서 생명으로 이끄는 하나님의 손길처럼 느껴진다

P7

빈 무덤 Empty Tomb

예수님은 십자가에서 죽으셨고 아리마대 사람 요셉이 그를 장사 지내주었습니다.

이스라엘에서는 사람이 죽으면 굴을 파고 굴 안에 시체를 천으로 싸서 넣어두어 입구는 돌로 막아 짐승이 해하지 못하게 합니다. 예수님은 자신이 사흘 만에 부활한다고 말했으므로 제사장들과 서기관들이 빌라도에게 말하여 무덤 입구를 로마 군인이 지키도록 하였습니다.

사흘이 지난 새벽 아침에 무덤을 막은 돌이 굴려지고 무덤 안에 있던 시체는 없고 빈 무덤이 되었습니다. 예수님은 말씀하신 대로 사흘 만에 부활하신 것입니다.

P7

말씀 묵상

- 마태복음 28:5~6

천사가 여자들에게 말하여 이르되 너희는 무서워하지 말라 십자가에 못 박히신 예수를 너희가 찾는 줄을 내가 아노라. 그가 여기 계시지 않고 그가 말씀하시던 대로 살아나셨느니라 와서 그가 누우셨던 곳을 보라.

- 마가복음 16:1~8, 요한복음 20:19~20을 읽어보자.

P7

말씀 묵상

새벽에 예수님의 무덤으로 갔던 막달라 마리아는 무덤의 돌이 굴려진 것을 보았습니다. 그리고 천사가 나타나서 예수님은 살아나셨다고 말하며 무덤 안을 보고 확인해 보라고 말했습니다.

예수님은 의심이 많은 도마에게 나타나셔서 손의 못 자국과 창에 찔린 상처를 보여주시면서 "믿음 없는 자가 되지 말고 믿는 자가 되라"라고 말씀하셨습니다. 또한 엠마오로 내려가는 제자들에게도 나타나셔서 동행하며 위로하셨습니다.

예수님이 죽음에서 생명의 부활로 살아나신 것을 확신하는 것은 육신의 눈이나 사람의 생각과 경험으로는 결코 알 수 없고 오직 믿음으로만 얻어지고 누리는 은혜입니다.

주님과 동행하는 삶

우리는 밤이 되면 죽음과 같은 잠을 자고 아침이 되면 잠에서 깨어납니다. 참으로 신기하고 놀라운 일입니다.

우리는 평범한 일상의 삶을 살아갑니다. 그런데 하나님께 서 우리에게 주신 일상은 우리들이 서로 신뢰하고 사랑할 수 있는 시간과 기회로 주신 거라면 우리의 삶은 날마다 새롭고 기쁜 날들이 되지 않을까요?

우리는 아침에 거울을 보고 얼굴을 닦아내듯 우리 안에 거하는 욕심과 헛된 뜻을 버리고 주님을 바라보며 주님의 마음으로 산다면 날마다 생명의 기쁨과 부활을 경험하게 될 것입니다. 길이요 진리요 생명이 되시는 주님과 함께 동행하면 풍성한 생명의 삶을 누리게 됩니다.

P7

Turning Point

예수님의 십자가와 부활은 인간의 이성으로는 이해할 수 없는 신비요 유일무이한 반전의 사건이며 예수님이 구원자이시며 생명의 주라는 사실을 증명하는 표적입니다.

우리는 어떻게 부활을 믿고 확신할 수 있을까요?

하나님은 말씀으로 세상을 창조하셨고 아담과 하와를 흙으로 빚으시고 생기를 주신 창조주이시며 예수님은 하나님과 동일한 생명의 주라고 믿기 때문입니다.

예수님은 모든 병든 자를 위로하시고 치유하셨습니다. 그리고 과부의 아들을 살리셨고 야이로의 12살 된 외동딸을 살리셨고 죽은 지 사흘이 지난 나사로도 살리셨음을 믿기 때문입니다.

예수님은 자신이 십자가에서 죽고 사흘 만에 부활하실 것을 예언하셨습니다. 또한 부활하시고 여인들과 제자들에게 나타나 몸을 보이셨고 함께 식사도 하시며 승천하실 때까지 교제를 하셨음을 믿기 때문입니다.

이러한 사실을 믿을 수 있는 것은 오직 성령의 은혜가 임해야 가능하므로 성령의 은혜를 사모해야 합니다.

P7

나눔과 적용

① 나는 예수님이 부활하셨다는 것을 믿는가? 그 근거는 무엇인가?

② 나는 죽으면 천국에 가고 예수님의 재림 시 몸이 부활할 것을 믿는가?

③ 우리의 삶에서 부활을 어떻게 경험할 수 있는지 나누어 보자.

디베랴에서 바라본 갈릴리 바다의 일출 광경

P8

갈릴리 새 아침 New Morning of Galilee

부활하신 예수님은 갈릴리로 가셔서 먼저 제자들을 만나셨습니다.

갈릴리 새벽에 베드로를 찾아가 만나시고 구운 떡과 물고기를 준비하여 식사를 대접하시고 제자들을 위로하셨습니다. 그리고 성령의 강림하심을 간절히 사모하며 함께 모여 기도하라고 말씀하셨고 자신의 죽음과 부활의 복음을 땅끝까지 전하는 제자가 되기를 바라셨습니다. 예수님은 제자들을 두루 만나시며 그들을 축복하시고 다시 오실 것을 약속하시고 감람산에서 제자들이 보는 가운데 하늘로 올라가셨습니다.

2019년 8월 여름날 갈릴리 해변의 식당에서 기름에 튀긴 베드로 물고기와 갓 구운 빵을 고소한 땅콩 소스에 찍어 먹었던 기억은 예수님과 제자들의 식탁 교제처럼 즐겁고 행복한 추억으로 아직도 생생합니다.

P8

말씀 묵상

- 요한복음 21:17

  세 번째 이르시되 요한의 아들 시몬아 네가 나를 사랑하느냐 하시니 주께서 세 번째 네가 나를 사랑하느냐 하시므로 베드로가 근심하여 이르되 주님 모든 것을 아시오매 내가 주님을 사랑하는 줄을 주님께서 아시나이다 예수께서 이르시되 내 양을 먹이라.

- 누가복음 24:46~51, 마태복음 28:18~20을 읽어보자.

P8

말씀 묵상

예수님은 베드로에게 나를 사랑하느냐고 세 번을 물으십니다. 이 질문에 베드로는 근심하며 사랑한다는 대답을 합니다. 예수님이 붙잡히신 날 세 번 부인한 베드로의 연약함을 나무라지 않으시고 변함없이 제자를 사랑하시는 예수님은 베드로의 그 모습 그대로를 품으시고 다시금 제자로 세우시어 양들을 돌보라는 사명을 맡겨주셨습니다.

우리는 사람의 잘못에 대하여 이해하고 용서하기보다는 비판을 하게 됩니다. 비판은 그 말이 맞을지라도 사람의 마음을 차갑게 하지만 용서는 사람의 마음을 따뜻하게 녹여줍니다. 그러므로 사랑의 용서는 영혼을 따스하게 녹이는 스프이고 살찌우는 밥이며 상처를 치료하는 약입니다.

은혜가 흐르면 생명이 살아난다

이스라엘에 2개의 바다가 있습니다. 북쪽에는 갈릴리 바다가 있고 남쪽에는 사해 바다가 있습니다. 내륙 지방에 있어서 호수인데 바다와 같이 커서 바다라고 부른답니다.

갈릴리 바다는 헬몬산에서 내려오는 깨끗한 물이 흘러 들어오고 다시 요단강으로 물이 빠져나갑니다. 그래서 갈릴리 바다는 물이 깨끗하여 물고기가 살고 나무들이 자라납니다. 그리고 이 물은 이스라엘 땅을 적셔서 젖과 꿀이 흐르는 땅이 되게 합니다. 그러나, 사해 바다는 요단강에서 물이 흘러 들어오지만 물이 빠져나가지 않으므로 물이 증발하게 되어 물이 짜서 물고기가 살 수가 없습니다. 그래서 이 바다는 죽어 있는 바다라는 의미로 사해로 부릅니다. 갈릴리는 물고기가 살 수 있고 사해는 물고기가 살 수 없는데 그 이유는 바로 물을 흘려보내느냐 그렇지 않느냐에 달려 있습니다.

우리의 삶과 신앙도 마찬가지입니다. 우리의 가진 것을 나누면 우리의 영혼은 기쁨을 누리며 살지만 우리가 가진 것을 나누지 않으면 우리의 영혼에 기쁨은 사라지고 결국은 메말라 죽게 되는 것입니다.

P8

Turning Point

하나님은 우리를 부르시고 하나님의 꿈을 주시는 분입니다. 하나님의 꿈은 하나님의 뜻과 나라를 의미하며 꿈을 가진 자는 사명자가 되어 목표를 향해 나아가게 됩니다.

우리는 어떻게 하나님의 꿈과 사명을 찾을 수 있을까요?

하나님은 우리 모두에게 선한 계획을 가지시고 이 땅에 보내셨습니다. 그 선한 계획을 이루시기 위해 우리에게 천부적인 재능도 겸하여 주셨음을 믿고 말씀을 읽고 기도하는 가운데 꿈과 사명을 찾을 수 있습니다.

만약에 우리 가정과 학교, 나라에 예수님이 오신다면 하실 일이 무엇인가를 생각하는 것입니다. 예수님이 하신 말씀 전파, 제자 교육과 치유 사역은 오늘날에도 필요한 사역이고 가치가 있는 꿈과 사명이 됩니다.

하나님은 공동체를 통하여 일하시기를 원하십니다. 교회 공동체에서 행하는 모든 사역에 동참하여 마치 퍼즐이 모여 하나의 그림을 완성하듯이 나의 사역은 조각이고 공동체의 사역은 전체

모양을 완성하는 것입니다. 아주 작은 조각을 맞추는 일도 하나님이 기뻐하시는 사명입니다.

P8

나눔과 적용

① 예수님이 승천하시면서 무엇을 말씀하셨는가?

② 예수님이 나에게 주신 사명은 무엇인가? 직업과 사명이 어떻게 다른지 그리고 어떻게 같을 수 있는지 나누어 보자.

③ 사명을 어떻게 감당할 수 있으며 사명을 감당했을 때의 열매는 무엇인가?

약속의 땅을 찾아서

갈릴리 지방에서 피는 꽃

나사렛 예수님이 걸어가신 땅 성서 지도

갈멜산의 엘리야 석상

P9

갈멜산 Mt. Karmel

갈릴리 해안 지역을 따라 남북으로 길게 뻗은 산맥을 말하며 산의 높이는 540m이고 수목이 울창하며 지중해가 보이는 장소입니다.

북이스라엘 아합왕 때 활동했던 엘리야는 갈멜산에서 바알과 아세라 선지자 850명과 대결하여 능력의 불로 승리하였고 산 아래에서 거짓 선지자들을 죽였습니다(열왕기상 18:36~40). 그의 제자 엘리사는 이곳에 있다가 수넴 여인의 죽은 아들을 살리는 기적을 행했던 곳이기도 합니다. 이곳에는 엘리야 기념교회와 엘리야 석상이 있습니다.

엘리야는 요단강에서 불 마차를 타고 승천하여 죽음을 보지 않은 선지자로 이스라엘 사람들은 예수님을 엘리야와 같은 선지자로 생각했습니다.

므깃도 유적지
(요한계시록에 나오는 아마겟돈을 의미)

P10

텔 므깃도 Tel Megiddo

갈릴리 지방 이스라엘 평야 남쪽에 위치하고 있으며 갈멜산과 나사렛 마을의 중간 지점으로 교통과 군사의 요충지입니다.

이스라엘의 해변 길과 주요 도로가 만나서 교통이 발달하였으며 전쟁이 20회 이상 발생한 곳입니다. 전쟁에 승리한 나라가 반복적으로 도시를 건설하여 언덕을 이루었다는 의미로 "텔"을 붙여 부르기도 합니다. 다윗왕이 정복하고 솔로몬왕이 요새를 구축하였으며, 유대왕 요시아와 아하시야가 이곳에서 죽임을 당했습니다.

요한계시록에서 왕들이 모여 최후 전쟁을 하는 아마겟돈은 이곳을 말하며(요한계시록 16:16), 솔로몬의 병거성, 식량 창고와 지하수로 유적이 남아 있습니다.

베들레헴에 있는 예수탄생기념교회

P11

베들레헴 Bethlehem

예루살렘 남쪽에 위치하며 고대에는 에브랏이라 불렀고 "떡집"이라는 의미가 있는 곳입니다.

로마 제국이 인구조사를 실시하여 예수님의 부모는 고향인 베들레헴을 방문하게 됩니다. 예수님의 어머니 마리아는 마구간으로 쓰였던 동굴에서 예수님을 낳게 되고 이곳에 예수탄생기념교회가 세워지게 되었습니다.

135년 하드리아누스 로마 황제가 아도니스 신전을 지었고 326년 헬레나가 신전을 허물고 예수탄생기념교회를 건축하였습니다. 그리고 530년 비잔틴 제국에 반란을 일으켰던 사마리아인에 의해 손상을 입었지만 유스티니안 황제에 의해 복원되어 현재까지 잘 보존되어 있습니다.

가나의 혼인잔치기념교회

P12

가나 Kana

갈릴리 지방 나사렛 마을에서 북동쪽으로 6km 지점에 위치하며 혼인잔치의 유적이 있는 곳입니다.

예수님과 어머니 그리고 제자들은 혼인잔치에 초청을 받았습니다. 이 혼인 잔치에서 예수님은 포도주로 변하는 기적을 행하셨습니다. 이 기적은 예수님이 행하신 첫 번째 기적으로 사람들은 예수님을 믿게 되었습니다.

> 예수께서 이 첫 표적을 갈릴리 가나에서 행하여 그의 영광을 나타내시매 제자들이 그를 믿으니라. (요한복음 2:11)

혼인잔치기념교회는 프란체스코 수도회에서 1881년에 교회를 건축하여 현재까지 보존되고 있으며 집터와 돌항아리 유적이 남아 있습니다.

가버나움의 회당 유적지

P13

가버나움 Capernaum

갈릴리 바다의 북쪽 포구에 있는 마을로 예수님이 말씀을 가르치신 회당이 있는 곳입니다.

가버나움은 베드로의 고향이며 예수님이 이곳을 중심으로 회당에서 말씀을 가르치시고 기적을 행하셨습니다. 베드로 장모의 열병을 고치시고 회당장의 죽은 딸을 살렸으며 혈루증을 앓는 여인을 낫게 하였습니다. 그리고 맹인들의 눈을 뜨게 하셨고 손이 오그라든 사람의 손을 펴게 하셨습니다.

예수님은 가버나움 사람들의 교만을 책망하셨습니다.

> 가버나움아 네가 하늘에까지 높아지겠느냐 음부에까지 낮아지리라 네게 행한 모든 권능을 소돔에서 행하였더라면 그 성이 오늘날까지 있었으리라. (마태복음 11:23)

오병이어 기념교회

P14

오병이어 교회 The Church of the Multiplication

오병이어 교회는 갈릴리 바다의 북쪽 해변 포구에 위치하며 팔복교회에서 해변 방향으로 있습니다.

이 교회는 예수님께서 물고기 두 마리와 빵 5개로 5,000명을 먹이신 기적을 기념하여 세워졌습니다. 교회 바닥은 1cm x 1cm의 크기의 돌 모자이크로 빵과 물고기로 장식하였고, 제단 아래에 있는 바위는 예수님이 물고기와 빵을 놓고 축사하셨던 곳으로 알려졌습니다.

614년 페르시아군의 침략과 637년 이슬람의 침입으로 완전히 파괴되었고 1936년에 오병이어의 모자이크와 바윗돌 위에 교회를 세웠습니다. 근처에는 베드로 수위권 기념교회도 있습니다.

갈릴리 언덕에 세워진 팔복교회

P15

팔복교회 The Church of the Beatitudes

팔복교회는 갈릴리 바다가 한눈에 내려다보이는 언덕에 위치하고 있습니다.

예수님은 이곳에서 산상수훈을 설교하였고 이를 기념하기 위해 비잔틴 제국에서 교회를 세웠습니다. 614년에 페르시아에 의해 파괴되었으나 1939년 프란치스코 수녀회에서 이탈리아 무솔리니의 지원을 받아 이탈리아 건축가 안토니오 바를루치가 설계하여 교회를 재건하였습니다.

교회 지붕은 팔복을 상징하는 팔각형 구조로 되어 있으며 교회 유리창에는 팔복이 라틴어로 기록되어 있습니다. 교회의 뜰에는 믿음, 자비, 인내, 정의, 사려, 자제를 의미하는 예수님 말씀이 돌에 새겨져 있습니다.

가이사랴 빌립보의 판 신전 유적지

P16

가이사랴 빌립보 Caesarea Philippi

갈릴리 바다에서 북쪽으로 40km 떨어져 있으며 헤롯 왕의 아들 빌립이 로마인을 위하여 건설한 도시입니다.

이곳은 로마인들이 섬기는 판 신전이 있었습니다. 판은 염소의 발을 한 그리스 신을 말하는데 로마인들은 "가이사랴 판"이라고 부르기도 했습니다.

예수님과 제자들이 이곳을 방문하여 제자들에게 **"너희들은 나를 누구라고 생각하는가?"**라는 질문을 했는데, 베드로가 **"주는 그리스도시요 살아 계신 하나님의 아들이시니이다"**라고 믿음의 고백을 한 장소이기도 합니다. (마태복음 16:15~16)

사해

P17

사해 Dead Sea

여리고 남동쪽에 위치하며 남북 길이가 80km, 최대폭이 17km이며 해저 400m로 세계에서 가장 낮은 바다입니다.

사해는 요단강의 물이 계속 유입이 되지만 이 지역의 뜨거운 기후로 소금 함유량이 35%여서 물고기가 살 수 없는 바다입니다. 이곳은 나트륨, 마그네슘, 염화칼슘, 브롬, 황, 역청 등 다양한 광물이 생산되며 질병에 효험이 있는 것으로 알려졌습니다. 사해의 바닥은 소금이고 부력이 높아서 사람의 몸이 저절로 뜨게 됩니다.

성경에서는 염해(창세기 14:3), 아라바 바다(여호수아 12:3), 동해(요엘 2:20)라고 부르며 에스겔 선지자는 사해가 단물이 되고 고기가 살 것이라고 예언하였습니다. (에스겔 47:10~12)

사해 사본이 발견된 쿰란 동굴

P18

쿰란 동굴 Qumran Cave

사해가 내려다보이는 언덕에 쿰란 공동체가 생활한 장소입니다.

1947년 봄 사해 근처에 목동이 잃어버린 양을 찾아다니다가 절벽에 위치한 동굴 속에서 항아리에 담겨진 성경 두루마리를 발견하게 됩니다. 이 성경은 에세네파의 공동체가 BC 150년에서 AD 68년경까지 기록된 것으로 추정되며 가장 오래된 성경으로 사해 사본이라고 부릅니다. 성경 두루마리가 900개나 발견되었으며 쿰란 공동체의 생활과 관습이 자세하게 기록되어 있습니다. 이들은 이사야 말씀에 따라서 광야에서 성경 기록과 경건 생활을 하였으며 세례 요한은 쿰란 공동체 사람으로 추정하고 있습니다.

> 외치는 자의 소리여 이르되 너희는 광야에서 여호와의 길을 예비하라 사막에서 우리 하나님의 대로를 평탄하게 하라. (이사야 40:3)

여리고 지역의 돌감람나무
(성경에서는 삭개오가 올라간 뽕나무로 기록)

P19

여리고 Jericho

유대 지방의 사해에서 북서쪽에 위치하며 지하 샘물이 나와서 BC 7000년부터 오아시스 도시가 있는 곳입니다.

여리고는 예로부터 키가 10m가 넘는 종려나무들이 자라서 종려의 성읍이라고 불렀습니다. 이곳에는 엘리사가 물에 소금을 뿌려서 단물로 만든 샘물이 있습니다. 출애굽 당시에는 여호수아가 요단강을 건너고 첫 번째로 점령한 성읍이기도 합니다.

예수님이 뽕나무에 올라간 세리장 삭개오를 만나주셨고, 거지 소경 바디매오가 눈을 뜨도록 기적을 베푸신 곳입니다. 삭개오가 올라간 성경의 뽕나무는 돌감람나무로 추정하고 있습니다.

감람산에서 바라본 예루살렘 성전

P20

예루살렘 Jerusalem

유대 지방의 동쪽 요단강과 서쪽 지중해 사이에 있는 유대 산맥을 중심으로 해발 780m 산지에 형성된 도시입니다.

예루살렘은 히브리어로 평화의 마을이라는 의미가 있으며 황금성, 거룩한 성, 평화의 성, 시온성이라고 부릅니다. 이 성은 4km에 달하는 성벽으로 둘러싸여 있고 외부 통로로 연결되는 황금문, 욥바문, 새문, 시온문, 사자문 등이 있습니다. 노란색 돔은 이슬람 황금 사원이라고 부르는데 아브라함이 이삭을 제물로 드린 모리아 산으로 추정하며 솔로몬왕이 성전을 건축한 곳입니다. 70년 로마의 의해 멸망당했으며 슬픔을 상징하는 통곡의 벽이 있습니다.

예수님은 성전에서 장사하는 사람들을 쫓아내시고 성경 말씀을 가르치시고 앉은뱅이가 일어나는 기적을 행하셨습니다. 그리고 예루살렘이 멸망할 것을 슬퍼하셨으며 십자가의 길을 가시고 부활하신 곳입니다.

감람산 예수승천기념교회

P21

감람산 Mt. Olive

예루살렘의 동편에 있는 해발 825m의 산으로 기드론 골짜기 건너편 예루살렘 성이 보이는 장소입니다.

감람산은 올리브 나무들이 자라고 올리브기름을 짜서 기름을 얻는 곳이었습니다. 다윗 왕이 예배를 드린 곳이고 솔로몬왕의 이방 아내들이 우상을 섬기는 곳이기도 하였습니다.

예수님은 겟세마네 동산에 자주 오셔서 기도를 하셨고 기도를 가르치셨으며 부활 후에 감람산 정상에서 승천하셨습니다. 예수님 당시에도 살아 있을 것 같은 올리브 나무가 자라고 있고 주기도문교회와 예수승천기념교회가 있습니다.

가이사랴 해변

P22

가이사랴 Caesarea

이스라엘 수도 텔아비브에서 약 40km 떨어진 북쪽 해변에 위치한 항구 도시입니다.

헤롯 왕이 로마의 건축양식에 따라 도시를 건설하여 로마 황제 시저 아우구스투스에게 바쳤으며 궁터, 원형 극장, 전차 경기장, 야외 수영장 등 유적이 남아 있습니다.

이곳은 베드로가 백부장 고넬료에게 세례를 준 곳이고(사도행전 10:1~5), 사도 바울이 총독 베릭스와 베스도, 아그립바 2세에게 복음을 전했으며 로마로 압송될 때 이곳에서 출항하였습니다. (사도행전 25:13~27:1)

순례자의 노래

갈릴리 바닷가에서

행복한 사람

꿈꾸며 기도하며

낙타 성도

벚꽃

가을 산책

두레목

Chillon Castle

Tre Fontane

불꽃

목련이 피면

헵시바

심령이 가난한 자는 복이 있나니

천국이 그들의 것임이요

마태복음 5:3

갈릴리 바닷가에서

갈릴리 바닷가에서
목마른 자에게 헬몬산의 생수를
굶주린 자에게 하늘의 빵과 물고기를 먹이시고
아픈 자들을 불쌍히 여기시며 긍휼을 베푸셨네

갈릴리 바닷가 언덕에 올라
주님께 나아가며 의지하는 것이 복이요
주님과 함께 사는 것이 천국이요
주님을 위해 사는 것이 참 복되도다 하셨네

게네사렛에서 배 타고 디베랴로 갈 때
주님이 시원한 바람을 불게 하시니
태극기 휘날리며 형제자매 함께
행복의 노래를 불렀다오

갈릴리 바닷가에서
주님은 제자들을 만나시고 위로하시며
나의 골고다 죽음과 부활을 전하고

내 양을 돌보라 하시며 사명의 길로 인도하시네

---

* 이스라엘 성지순례를 마치며 베들레헴 숙소에서 지은 시

사랑은 영혼의 등불이요

마음의 양식입니다.

행복한 사람

예수님을 마음에 믿어
죄를 씻고 심령이 청결한 자는
행복한 사람입니다

자신보다 남을 귀하게 여기고
작은 자를 돌보며 아낌없이 나누어
모두 함께 행복하기를
소망하는 사람입니다

그 심령에 믿음 뿌리가 깊고
진리 기둥이 든든하여
비바람과 폭풍 중에도
지극히 작은 자를 돌보는
아름다운 사람입니다

나 홀로 방황했던 밤에
하늘 별을 보게 하시며
빛나는 아침으로 인도하신

그 사랑을 기억하며

언제나 환하게 미소 짓는 사람입니다

---

* 산상수훈의 팔복을 묵상하며 행복한 삶을 소망하며 지은 시

빛과 어두움이 대조되는 등대

(오석호, 2007년 National Scholastic Awards 수상작)

꿈꾸며 기도하며

꿈이 없다면
미래가 없고
기도하지 않으면
갈 바를 알 수 없다

꿈이 있다면
폭풍우가 몰아쳐도
결코 포기하지 않으며
미래를 향해 걸어간다

때로는 두렵고
외로운 밤에도
기도의 다리를 넘어
새 아침을 맞는다

사람은 꿈이 있어
희망의 씨앗을 심고
기도할 수 있어서

영광의 꽃을 피울 수 있다

---

* 인터넷, 게임, 공부 스트레스, 가정불화로 인해

꿈을 잃고 방황하는 청소년들이 꿈을 꾸며 살기를 소망하는 시

너를 낮추시며 너를 주리게 하시며
또 너도 알지 못하며 네 조상들도 알지 못하던
만나를 네게 먹이신 것은
사람이 떡으로만 사는 것이 아니요
여호와의 입에서 나오는 모든 말씀으로
사는 줄을 네가 알게 하려 하심이니라

신명기 8:3

낙타 성도

어둠이 걷히고 하루가 밝을 때
나는 무릎을 꿇고서 주님의 말씀을 받고
광야로 나아갑니다

주의 말씀이 나를 인도하사
뜨거운 더위 속에서도
인내하게 하시며 모래 폭풍 가운데도
길을 잃지 않게 하소서

주의 말씀이 오아시스가 되어
날마다 힘을 얻게 하시고
지친 영혼을 먹일 수 있게 하소서

무거운 짐이 버거울지라도
주님의 십자가 고난을 생각하며
영광을 길임을 알게 하소서

광야를 지나 어둠이 내리면

나는 다시 무릎을 꿇고

감사와 기쁨의 노래를 부르리라

주께서 나의 슬픔이 변하여
내게 춤이 되게 하시며 나의 베옷을 벗기고
기쁨으로 띠 띠우셨나이다

시편 30:11

벚꽃

춥고 긴 밤
님을 기다리며
밤이 새도록 등불을 켜고
새하얀 옷을 지어

따스한 님의 손길이
바람에 스치면
나는 마음을 숨길 수 없어
화사한 옷을 입고 환하게 미소 지으며

님이 나를 찾으면
나는 님을 향해
하얀 눈꽃을 피우며
환희의 노래를 불러

그대의 따스한 손길로
나는 기뻐 춤추며
짧지만 영원한

사랑의 노래를 부르리

---

* 회남 마을로 가는 대청호수 길가에 떨어지는 벚꽃을 보며

다가오는 이별의 슬픔을 주님께 가는 기쁨으로 표현한 시

내가 이미 얻었다 함도 아니요

온전히 이루었다 함도 아니라

오직 내가 그리스도 예수께 잡힌 바 된

그것을 잡으려고 달려가노라

빌립보서 3:12

가을 산책

깊어가는 가을
떨어지는 낙엽들과
신선한 바람이 부는
가을 산으로 가보자

떨어지는 낙엽아
사랑하는 님과
이별의 슬픔을 넘어
다시 만날 기쁨을 노래하자

쉬어가는 바람아
너를 한 모금 마실 때마다
빨간 사과처럼
내 마음도 익게 해다오

가을날의 햇빛아
떨어지는 낙엽과
쉬어가는 바람의

마음을 너는 알지

---

* 깊어가는 가을에 낙엽과 바람,

그리고 따스한 햇빛을 느끼며 성숙한 신앙인이 되기를 소망한 시

믿음으로 말미암아

그리스도께서 너희 마음에 계시게 하시옵고

너희가 사랑 가운데서

뿌리가 박히고 터가 굳어져서

에베소서 3:17

두레목

바람을 타고 날아온
복음의 한 씨앗을 보았노라

돌 틈에 심겨진 씨앗은
비바람과 눈보라 속에서
깊은 뿌리를 내리고
하늘로 줄기를 뻗었으니

그 생명력은 바위를 쪼개고
몸 줄기는 고난의 발자취요
소망과 인내의 열매이니
청송의 푸르름은 영원하리라

* 두레기도원에서 돌에 뿌리내린 청송을 바라보고 지은 시

The Lord is my rock,

my fortress and my deliverer; My God is my rock,

in whom I take refuge,

my shield and the horn of my salvation, my stronghold.

Psalm 18:2

Chillon Castle

Translated by Eun Seon Oh

Under a pointy dark blue mountain covered in rainy fog
Next to the mountains
A glimpse of a snow covered pinnacle: the Alps

On a refined stone as a firm foundation
You have lived one thousand longevity

Silver coins enter the castle
Along with silvery waterways
Grapes ripen in the wine cellars
Flowers pervade their fragrance throughout the castle
Your wealth and prosperity resemble
An early morning haze

The Prisoner of Chillon
François Bonivard who lived by faith was chained
Yet his firm belief outshines like a clear autumn sky

나는 선한 싸움을 싸우고
나의 달려갈 길을 마치고 믿음을 지켰으니
이제 후로는 나를 위하여
의의 면류관이 예비되었으므로
주 곧 의로운 재판장이
그날에 내게 주실 것이며
내게만 아니라 주의 나타나심을
사모하는 모든 자에게도니라

디모데후서 4:7~8

Tre Fontane

진리를 모르는
로마인에게
그리스도 복음 전하며
믿음의 경주를 마친 곳

순교의 피가 흐른 세 곳에
샘물이 솟았다는 기적은
세월에 묻혀
전설이 되어가지만

내가 선한 싸움을 싸우고
달려갈 길을 마치고
믿음을 지켰다는
그 말은 선명하게 들려오고

부르심에 헌신하며
오직 믿음으로 살리라는
다짐을 가슴에 채우고

순례의 언덕을 넘어간다

---

* 로마에 있는 바울 순교지를 방문하고 바울의 삶을 되새기며

믿음을 새롭게 다지면서 지은 시

풀은 마르고

꽃은 시드나

우리 하나님의 말씀은

영원히 서리라 하라

이사야 40:8

불꽃

광야 떨기나무
깡마른 가지에
불꽃이 훨훨 타올랐습니다

그 불빛은
떠도는 인생이
사명자로 변화되는
진리의 복음이었습니다

그리고
종살이 절망의 땅에서
희망의 땅으로 이끄는
사랑의 등불이었습니다

이 땅에
그 불꽃이 임하사
인생들이 복음을 알고
사랑으로 넘치게 하소서

* 호렙산에서 불꽃 가운데 모세를 부르시고

이스라엘 지도자로 삼으시고 구원하신 하나님의 사랑을 노래한 시

이 일 후에 내가 들으니

하늘에 허다한 무리의

큰 음성 같은 것이 있어 이르되

할렐루야!

구원과 영광과 능력이 우리 하나님께 있도다

요한계시록 19:1

목련이 피면

송이송이 진주 꽃송이
목련이 피고

눈부신 만개 미소
벚꽃이 피면

연분홍 진달래꽃 단장하고
꽃구경 가자꾸나

까만 아침 골고다
기도길 따라

주님 십자가
사랑을 먹고

부활 소망 꽃단장하고
춤추며 노래하자꾸나

* 부활절 새벽기도회를 마치고 돌아오면서 목련이 핀 것을 보고

우리 심령에도 부활의 기쁨이 넘치기를 소망한 시

내 영혼아 여호와를 송축하라

내 속에 있는 것들아

다 그의 거룩한 이름을 송축하라

시편 103:1

헵시바

주님의 십자가 아래
침묵을 깨는 소리
소리가 앞서고 뒤따르며
삼색 소리로 채워집니다

푸른 초원의 평안 소리
계곡을 지나는 애통 소리
하늘로 솟는 희망 소리
곡조 있는 기도 소리

소리를 듣노라면
마음의 구름안개 걷히고
빛나는 새길이 열리며
거룩한 길로 걸어갑니다

헵시바 찬양이 울릴 때
마음과 마음이 이어지고
내가 주 안에 주님이 내 안에 있어

천국 사닥다리로 올라갑니다

* 대전중앙성결교회 헵시바 찬양단의 찬양을 들으며

마음에 감동과 은혜를 노래한 시

지인들의 서평

마터호른으로 가는 여정은

창조주를 찾아가는 순례의 길이다.

예수님의 숨결

기독교인이면 한 번쯤 가보고 싶어 하는 곳이 이스라엘 성지순례이다. 성지순례는 예수님의 행적과 관련된 장소뿐만 아니라, 사도들의 활동지, 성인들의 순교 터, 성모 발현지 등 넓은 의미의 장소를 포함한다. 이번에 저자인 오현서 장로님은 이스라엘 성지순례로 예수님의 흔적을 따라가며 예수님의 숨결을 느끼며 영적 순례를 실제적으로 기록한 귀중한 자료를 책으로 낸 것은 참으로 뜻깊은 일이다. 책 구성에서도 남달리 순례지의 사진과 지리적인 설명과 이에 관련된 성경 말씀과 삶의 적용으로 꾸며내어 독자로 하여금 순례지가 어떤 의미가 있는지를 이끌어주는 여정을 통해 생생한 감동과 유익을 주고 있다.

특히 디베랴에서 바라본 갈릴리 바다의 일출 장면에서 부활하신 주님이 베드로를 만나서 '네가 나를 사랑 하느냐?' 물으시는 모습이 생생하게 떠오르는 것 같아서 직접 가보지 않은 저에게도 깊은 감동이 있다.

또한 구약에 나타난 메시아 예언을 성취하기 위한 흔적들에 대한 순례도 참으로 가보지 않고도 하나님이 아브라함에게 주신 땅을 필두로 구석구석을 순례하므로 그 옛날로 돌아가서 다시 한번 감동으로 다가온다. 특히 감람산에서 바라본 예루살렘 성전에는 이슬람이 점유하여 황금돔이 세워져 있는 모습은 가슴을 아프게 한다.

튼튼이 지으신 시는 순례의 길과 어우러져 감동과 사색의 길로 나를 인도하여 참 좋은 경험을 할 수 있게 되었다. 독자들도 저와 같은 감동을 느낄 것으로 확신한다. 또한 그중에서도 청년을 향한 호소와 같은 '꿈꾸며 기도하며' 시가 참 좋아서 작곡이라도 하고 싶은 충동을 느껴본다.

성지순례를 아직 가보지 못한 분들은 이 책을 통해서 생생한 예수님의 숨결을 느낄 수 있게 될 것이고, 다녀온 분도 또 한 번 색다른 감동으로 이 책을 접하게 될 것이므로 적극적으로 추천하고 싶다.

쉴로하우스교회 유 병 곤 목사

이공학박사, ETRI 신소자연구본부장 역임

마음의 순례

이 책은 단순한 여행기가 아닙니다. 한 사람의 깊은 신앙심과 영적 성찰이 고스란히 녹아 있는 마음의 순례 기록입니다.

저자는 성지의 풍경을 사진으로 담고, 그 순간순간 느낀 깨달음을 글로 풀어냈습니다. 이 책을 읽는 독자들은 마치 저자와 함께 성지를 걸으며 조용히 기도하고 묵상하는 듯한 경험을 하게 될 것입니다.

저는 평소에도 이 저자를 잘 알고 지내왔기에 이분의 진솔한 신앙과 따듯한 시선을 누구보다 잘 알고 있습니다. 이 책은 종교적 의미를 넘어, 인생의 길에서 한 번쯤 멈춰 서서 자신의 마음을 들여다보고 싶은 모든 이들에게 잔잔한 울림을 줄 것입니다. 이 책을 통해 많은 분들이 작은 위안과 영감을 얻으시기를 바랍니다.

몽골후레대학교 정 순 훈 총장

영적 순례

이 책은 예수님의 삶의 여정을 따라가는 세 가지 순례의 길을 통해 독자에게 깊은 묵상과 감동을 전해주고 있습니다. 나사렛 예수의 생애를 중심으로 인생의 터닝포인트를 제시하고 있습니다.

약속의 땅을 걸으며 예수님의 숨결이 담겨 있는 성지를 직접 만나도록 인도해 줍니다. 순례자의 노래는 신앙인의 내면 여정을 아름답게 만들어 줍니다.

단순한 여행기를 넘어, 믿음과 삶을 새롭게 변화시키는 영적 순례의 동반자입니다.

블레싱교회 박 용 호 담임목사

희망을 노래

이 책은 예수님의 일생과 발자취를 직접 동행하면서 적은 묵상과 깨달음을 담고 있습니다. 현장을 눈으로 보는듯한 생생한 사진과 성지에서의 일화 및 말씀을 통해 예수님께서 걸어가신 길을 생생하게 표현하고 있습니다. 또한 그 여정을 통해 받은 감동을 혼자만 간직하는 것이 아닌 모두와의 공유를 위해 나눔과 적용 파트를 통해 독자들도 경험할 수 있도록 구성해 두었습니다.

저자는 감동을 나누는 것에 그치지 않고 하나님을 향한 시로서 찬양합니다. 암울한 세상, 힘든 시간 속에서도 저자는 마지막에 항상 희망을 노래합니다. 시편 150편 중 73편을 통해 하나님을 찬양했던 다윗 왕과 같은 모습에 그 감동이 더욱더 진하게 전해져 옵니다. 이 시대를 살아가는 그리스도인이 어떠한 자세를 가져야 하는지 더욱 느끼게 됩니다.

LG 디스플레이 오 윤 석 책임연구원

지산성결교회 집사/중고등부 교사

한 권의 복음서

오현서 장로님의 『나사렛 예수의 발견』은 나의 두 번의 성지순례 길을 떠올리며 잊고 있었던 성지에서 만난 예수와 성경을 상기시켰습니다. 한걸음 성지에 다가가서 관련 성경을 읽고 예수의 흔적을 묵상하고 Turning Point를 제안하며 더 나아가 심령 깊숙이 질문을 던져 예수의 흔적을 자신의 삶에 적용하도록 잘 디자인된 묵상 교재처럼 느껴졌습니다.

예수를 처음 만난 성도나 청소년들이 읽는다면 좋은 가이드가 될 것이라 확신합니다. 순례 시에 찍은 사진과 더불어 그 장소와 상황에 걸맞은 주제를 심플하게 이야기함으로 더 적극적으로 설득함을 느낍니다. 예수의 생애와 장소를 적절하게 조합함으로 한 권의 복음서를 읽는 것 같은 기분이 들기도 합니다. 또한 성지의 특별한 장소에 대한 간단한 설명은 결코 가벼워 보이지 않습니다.

마지막으로 순례자의 노래에 이르면 성지와 예수와 오 장로님의 믿음이 하나가 됩니다. 독자들도 성지를 다녀왔든 그저 소망하든 상관없이 예수의 흔적을 읽어 내려가며 공감하고 Amen이 될 것이라고 믿습니다.

소망교도소 정 중 환 목사

은혜의 여정

이 책은 단순한 여행기가 아니라, 예수님의 숨결을 따라 걷는 믿음의 여정입니다.

저자는 성지 곳곳을 걸으며 예수님의 숨결과 눈물을 직접 느끼고, 그 체험을 말씀 묵상으로 풀어냅니다. '겸손의 문'에서 낮아짐의 은혜를 배우고, '갈릴리 새 아침'에서 부활의 소망을 품게 됩니다. 읽는 동안 우리의 신앙도 다시 깨어나고, 일상 속에서도 주님과 동행하는 기쁨을 맛보게 됩니다. 소그룹이 함께 이 책을 나누며 묵상한다면, 각자의 마음 안에 예수님을 향한 새로운 사랑이 피어날 것입니다.

이 책은 단지 성지를 소개하는 안내서가 아니라, 우리의 마음을 성지로 바꾸는 은혜의 여정입니다. 읽고 나누는 모든 이에게 '나사렛 예수의 발견'이 개인의 영적 성숙으로 이어지길 소망합니다.

군산대학교 권 오 천 교수

숨 쉬시는 주님을 체험

이 책은 발로 걷는 순례(Pilgrimage)를 넘어, 마음으로 예수를 다시 만나는 여정이다.

성경의 길 위에서 머물던 이야기가 독자의 내면에서 기도로 피어오르고, 작가가 직접 담아낸 수준 높은 사진은 말씀의 현장에 숨결을 불어넣어 눈앞에서 복음이 살아 움직이는 듯한 생생한 현장감을 전한다.

이 책은 머리로만 알던 예수가 아닌, 가까이 숨 쉬시는 주님을 체험하게 한다. 특히 이 시대의 젊은 청년들에게, 신앙이란 지식이 아니라 삶과 호흡의 자리임을 일깨워 준다. 읽는 이들 또한 그 길 위의 순례자가 되어, 예수의 발자취를 따라 함께 걸어가게 된다.

GP 선교회 백 대 식 선교사

영성 묵상서 『언덕 너머 숨결』, 『하늘 너머 열린 문』 저자

말씀으로 떠나는 순례

이 책은 저자와 함께 예수님의 발자취를 따라, 예수님의 탄생교회부터 나사렛 마을, 갈릴리 바다, 마가의 다락방, 겟세마네 동산, 골고다 길, 예수님의 무덤 기념교회, 가나의 혼인 잔치 기념교회, 오병이어 기념교회, 가이사랴 해변 등 순례의 길을 걷는 듯한 깊은 감동을 주었습니다.

사진과 설명이 생생히 어우러져 성경 속 현장이 눈앞에 펼쳐지는 듯합니다. 특히 각 장의 말씀 묵상은 제 신앙을 다시 돌아보게 하는 깊은 울림을 주었고, 믿음의 길을 새롭게 결단하게 하는 영적 여정으로 다가왔습니다.

이 책은 저에게 '말씀으로 떠나는 순례'의 기쁨과 은혜를 선물해 주었습니다.

한국전자통신연구원 김 현 숙 책임연구원

생동감이 있는 영적 공감

살아 계신 그리스도의 자취를 좇는 역사성과 그리스도의 호흡으로 기록된 말씀을 통한 확실성에 묵상과 진실한 고백을 가미하였습니다.

이 책을 접하는 모든 세대에게 하나님과의 생동감이 있는 영적 공감을 일으켜 신앙의 고도를 높이는 계기가 될 것을 확신합니다.

일산효성교회 홍 순 규 담임목사
청소년사역진흥원 대표

청소년 신앙 성장에 도움

이 책은 풍부한 사진과 설명을 통해 독자로 하여금 마치 예수님의 제자들과 함께 그분의 사역 현장을 동행하며 직접 가르침을 받는듯한 체험을 하게 합니다.

이스라엘 성지순례를 간접 경험할 수 있어 특히 청소년들의 신앙 성장과 체험에 도움이 되며 '말씀 묵상'과 '나눔과 적용' 부분을 소그룹 자료로 활용할 수 있는 훌륭한 책입니다.

몽골후레대학교 영어과 홍 진 영 교수

사랑의 교회 권사/영어 예배 팀장

길 위에서 만난 신앙

누구나 한 번쯤 꿈꾸지만 쉽게 발걸음하지 못하는 성지순례!

이 책은 코로나 이전 2019년, 하나님의 은혜로 그 귀한 여정을 직접 걸으며 마주한 감동과 깨달음을 담고 있다. 현장의 숨결이 느껴지는 생생한 기록과 묵상은 독자들에게 마치 함께 순례길에 오른듯한 깊은 울림을 전한다.

길 위에서 만난 신앙의 본질과 주님이 주시는 평안을 향한 여정이 고스란히 전해지는 이 책은 순례를 꿈꾸는 이들에게 큰 도전과 영감을 줄 것이다.

사랑의 동산교회 안 치 환 목사

순례자의 노래

이 책은 예수님의 흔적을 찾아 여행하는 순례자의 세 가지의 길을 소개하고 있다.

성지순례의 길을 함께 따라가며 묵상하고 기도하면 예수님의 생애와 그 숨결을 느낄 수 있다. 그리고 마침내 저자처럼 순례자의 노래를 함께 부를 수 있기를 소망하게 된다.

이 책은 쉽고 간결한 구성과 문체로 이루어져 예수님을 모르는 사람들에게도 적극 추천하고 싶다.

몽골후레대학교 국어과 윤 현 자 교수

한소망교회 집사

새로운 은혜로

대전중앙교회는 창립 100주년을 맞이하여 다음 세대를 성지순례에 보내주셨습니다. 교회 그리고 무엇보다 장로님과 함께 다녀왔던 이 성지순례는 저에게 굉장히 특별한 기억으로 남아 있습니다.

성지순례를 다녀온 어린 청소년의 고백이 아직도 귀에 또렷합니다. "그전에는 하나님이 계신 것에 대해서 헷갈렸어요. 하지만 성지순례를 다녀오고 나서는 예수님과 하나님을 확실히 믿게 되었어요" 이 성지순례는 단순히 성지를 경험하고 온 것을 넘어, 다음 세대와 성도들의 신앙을 견고하게 해주었던 귀중한 여정이었습니다.

오현서 장로님의 이 책은 그 믿음의 현장을 다시 상기시켜 줍니다. 더 나아가 그 경험을 단지 과거의 회상거리로 남겨두지 않고, 현재를 사는 우리가 어떻게 그 은혜를 해석하고 살아낼 수 있는가를 깊이 고민하게 합니다. '말씀 묵상'과 'Turning Point'

를 통해 2000년 전 그곳과 지금 여기를 연결하고, '나눔과 적용' 질문들은 소그룹 모임에서 함께 나누는 교제의 도구로 사용될 수 있을 것입니다. 뿐만 아니라 장로님의 시편들은 우리의 영적 여정 속에서 잔잔한 감동을 전해줍니다. 이 책을 대하는 모든 이들에게 과거의 은혜가 다시 새로운 은혜로 갱신되는 선한 기회가 되기를 소망합니다.

주임재교회 주 경 호 목사

순례의 길 위에서 영성의 재발견

AI가 언어를 생성하고 감정을 흉내 내며 인간의 사고를 모사하는 시대, 우리는 스스로에게 묻게 됩니다.

“기계가 모든 것을 대신하는 세상에서 인간은 무엇으로 존재할 것인가?”

바로 그 물음 앞에서 『나사렛 예수의 발견』은 인간 회복의 나침반 이자, 영성의 재발견을 위한 안내서로 다가옵니다.

저자는 예루살렘의 겸손의 문에서 시작해 갈릴리 새벽의 빛으로 나아가는 순례의 여정을 통해, 우리가 잃어버린 겸손 · 감사 · 섬김 · 기도 · 용서의 언어를 되찾게 합니다. 그 길 위에서 독자는 단지 예수를 ‘기억하는’ 것이 아니라, 오늘의 현실 속에서 예수를 ‘재발견’하게 됩니다.

이 책은 단순한 성지 여행기가 아니라, 말씀과 묵상, 사진과 시가 하나의 영적 알고리즘처럼 연결된 인간 내면의 회복 기록입니다. AI가 데이터를 학습하듯, 저자는 성지의 시간과 공간 속에서 영혼의 데이터를 재학습하여, P1~P8 나눔과 적용을 통해 우리에게 질문을 던집니다. 겸손과 순종에 대해, 희생과 사랑의 실천에 대해, 부활 신앙에 근거한 사명에 대해.

AI는 효율을 배우지만 인간은 의미를 배웁니다. AI는 계산하지만, 인간은 기도합니다.

기술이 발전할수록, 영성은 더욱 본질적인 학문이 되어야 합니다. 특히 이 책은 이 시대의 젊은 청년들에게, 신앙이란 머리로 아는 지식이 아닌 삶과 호흡의 자리임을 일깨워 주며, 과거의 은혜가 현재의 새로운 은혜로 갱신되는 선한 기회를 제공합니다.

『나사렛 예수의 발견』은 그 본질로 우리를 인도하는 믿음의 여정의 귀중한 재현입니다.

따뜻한메이커연구소 대표 이 충 일

AI 에반젤리스트

생명의 교제

성지순례를 통해 마치 예수님과 함께 걸으며 그분의 숨결을 느끼는 듯한 귀한 시간을 보냈습니다. 사진과 생생한 현지 묘사를 통해 살아 움직이는 듯한 역동적인 은혜를 경험하였고, 성경에서 읽었던 말씀들이 눈앞에서 펼쳐지는 듯 생생하고 뚜렷하게 다가왔습니다. 특별히 디베랴에서 맞이한 일출 사진은 하나님의 창조의 아름다움과 위대하심을 깊이 느끼게 하는 명장면이었습니다. 그 사진 속에서 하나님께서 지으신 놀라운 세상을 바라보며 감격과 찬양이 저절로 흘러나왔습니다.

또한 나눔과 적용의 시간을 통해 나 자신을 다시 한번 돌아보고, 형제자매들과 함께 은혜를 나누며 생명의 교제를 경험할 수 있었습니다. 이 책이 그런 나눔의 자리에서 귀한 자료로 쓰이길 바랍니다.

이 책을 읽는 모든 분들이 성지순례를 통해 예수님을 깊이 발견하고 그분의 길을 따라 살아가기로 결단하는 은혜의 축복을 누리시길 소망합니다.

한국국제크리스천스쿨(KICS) 오 은 선 영어교사

지산성결교회 집사/중고등부 교사

참사랑을 경험

추운 겨울, 어머니의 된장국을 먹고 나면 얼어붙었던 몸이 녹는 것처럼 이 책을 통해 성지순례의 여정을 따라가다 보면 어느덧 우리의 영혼이 참사랑을 경험하며 따스해집니다.

이 책이 가정 공동체, 교회 공동체, 사역 공동체 안에서 소그룹 교제로 활용되어 함께 한마음으로 예수 그리스도의 걸음을 살펴보고 삶 가운데 인격적이고 구체적으로 적용하는 데 도움이 될 것입니다.

그리고 예수 그리스도는 이스라엘에 국한된 분이 아닌 우리 마음속에 살아 언제나 함께 계시며, 우리의 삶이 또 다른 성지순례의 여정이 되길 소망합니다. 언제나 샬롬!

대전대학교 교직원 강 보 화
대전중앙성결교회 집사

저자 email hyunoh365@gmail.com
표지 그림 오은혜

나사렛 예수의 발견

초판 1쇄 발행 2026. 1. 16.

지은이 오현서
펴낸이 김병호
펴낸곳 주식회사 바른북스

편집진행 황금주
디자인 최다빈
마케팅 송송이 박수진 박하연

등록 2019년 4월 3일 제2019-000040호
주소 서울시 성동구 연무장5길 9-16, 606호 (성수동 2가, 블루스톤타워)
대표전화 070-7857-9719 | **경영지원** 02-3409-9719 | **팩스** 070-7610-9820

•바른북스는 여러분의 다양한 아이디어와 원고 투고를 설레는 마음으로 기다리고 있습니다.

자비출판 투고 barunbooks21@naver.com
홈페이지 www.barunbooks.com | **유튜브** https://www.youtube.com/@Youtube_brTV
인스타그램 https://www.instagram.com/barunbooks7/ | **X(트위터)** https://x.com/barunbooks7
페이스북 facebook.com/barunbooks7 | **틱톡** https://www.tiktok.com/@barunbooks7

ISBN 979-11-7263-781-1 03230